54 Rezepte gegen Diabetes, die dir helfen, deine Beschwerden auf natürliche Art zu kontrollieren:

Gesunde Ernährungsmöglichkeiten für alle Diabetiker

Von

Joe Correa CSN

COPYRIGHT

© 2016 Live Stronger Faster Inc.

Alle Rechte vorbehalten.

Die Vervielfältigung und Übersetzung von Teilen dieses Werkes, mit Ausnahme zum in Paragraph 107 oder 108 des United States Copyright Gesetzes von 1976 dargelegten Zwecke, ist ohne die Erlaubnis des Copyright-Inhabers gesetzeswidrig.

Diese Veröffentlichung dient dazu fehlerfreie und zuverlässige Informationen zu dem auf dem Cover abgedruckten Thema zu liefern. Es wird mit der Einstellung verkauft, dass weder der Autor noch der Herausgeber befähigt sind, medizinische Ratschläge zu erteilen. Wenn medizinischer Rat oder Beistand notwendig sind, konsultieren Sie einen Arzt. Dieses Buch ist als Ratgeber konzipiert und sollte in keinster Weise zum Nachteil Ihrer Gesundheit gereichen. Konsultieren Sie einen Arzt, bevor Sie mit diesen Ernährungsplan beginnen, um zu gewährleisten, dass er das Richtige für Sie sind.

DANKSAGUNG

Dieses Buch ist meinen Freunden und meiner Familie gewidmet, die leichtere oder ernstere Krankheiten hatten. Sie sollen eine Lösung für ihre Probleme finden und die erforderlichen Veränderungen in ihrem Leben einleiten.

54 Rezepte gegen Diabetes, die dir helfen, deine Beschwerden auf natürliche Art zu kontrollieren:

Gesunde Ernährungsmöglichkeiten für alle Diabetiker

Von

Joe Correa CSN

INHALT

Copyright

Danksagung

Über den Autor

Einleitung

54 Rezepte gegen Diabetes, die dir helfen, deine Beschwerden auf natürliche Art zu kontrollieren: Gesunde Ernährungsmöglichkeiten für alle Diabetiker

Weitere Werke des Autors

ÜBER DEN AUTOR

Nach Jahren der Nachforschung glaube ich ernsthaft an die positiven Auswirkungen, die Ernährung auf Körper und Geist haben kann. Mein Wissen und meine Erfahrung hat mir geholfen, über die Jahre hinweg gesünder zu leben und an meine Familie und Freunde weiterzugeben. Je mehr du über gesundes Essen und Trinken weißt, desto schneller willst du deine Lebens- und Essensgewohnheiten ändern.

Ernährung ist ein wichtiger Bestandteil von einem gesunden und langen Leben. Also fang heute damit an. Der erste Schritt ist immer der wichtigste und bedeutendste.

EINLEITUNG

54 Rezepte gegen Diabetes, die dir helfen, deine Beschwerden auf natürliche Art zu kontrollieren: Gesunde Ernährungsmöglichkeiten für alle Diabetiker

Von Joe Correa CSN

Diabetes wird verursacht durch eine Dysfunktion der Bauchspeicheldrüse, die kein Insulin mehr produziert. Typ 1 Diabetes wird als Autoimmunerkrankung klassifiziert. Darunter versteht man einen Zustand, bei dem das eigene Immunsystem Gewebe und Organe „angreift". Es führt letztendlich zu einer völligen Zerstörung derjenigen Zellen, die Insulin produzieren und in der Bauchspeicheldrüse vorkommen.

Die Krankheit tritt zwar nicht allzu häufig auf, jedoch gibt es weltweit mehrere Varianten von ihr. In Europa und der USA ist die Anzahl der daran erkrankten Personen unterschiedlich hoch. Dies hängt mit dem immer stärker wachsenden Anteil an Fettleibigkeit in unserer Gesellschaft zusammen. In den letzten 30 Jahren hat sich die Zahl der Diabetiker verdreifacht. Die Fettleibigkeit erklärt jedoch nicht, warum so viele Kinder an Typ 1 Diabetes erkranken. Einige Studien haben allerdings gezeigt, dass Diabetes in

Zusammenhang mit einer ungesunden Ernährung und einem ungesunden Lebensstil steht.

Die am häufigsten vorkommenden Symptome sind bei Kindern und Erwachsenen gleich. Normalerweise treten diese Symptome innerhalb weniger Wochen auf und äußern sich in Durst, Gewichtsverlust, Müdigkeit, ständiger Harndrang etc. Zu den Symptomen, die häufiger bei Kindern auftreten, zählen Bauchschmerzen, Kopfschmerzen oder Verhaltensauffälligkeiten.

Ärzte diagnostizieren Diabetes, wenn ein Patient an einer unerklärlichen Krankheitsgeschichte oder Unterleibsbeschwerden leidet, die mehrere Wochen andauern. Wenn man die Diagnose Diabetes erhält, wird man an einen Spezialisten für diese Krankheit verwiesen. Die spezielle Behandlung von Diabetes macht einen Großteil der ärztlichen Fürsorge im Krankenhaus erforderlich und weniger bei den Hausärzten. Nichtsdestotrotz bleibt man am Ende des Tages mit dieser Krankheit alleine und es liegt in der eignen Hand, im Anschluss daran eine gesunde Ernährung aufrecht zu erhalten.

In diesem Buch findest du einige sehr leckere Rezepte und Tipps, die du befolgen kannst, wenn du diese Diabetiker freundliche Rezepte zubereitest. Um dir den Einstieg zu dieser Art des Kochens zu erleichtern, sind einige der

Rezepte besonders hervorgehoben. Du musst einfach nur den Anweisungen folgen und deine neue Ernährungsweise genießen. Das Beste daran ist, dass du kein Kochexperte sein musst, um den gewünschten Geschmack zu erhalten. Diese Rezepte sind einfach gehalten, damit jeder sie zubereiten kann.

54 Rezepte gegen Diabetes, die dir helfen, deine Beschwerden auf natürliche Art zu kontrollieren

54 Rezepte gegen Diabetes, die dir helfen, deine Beschwerden auf natürliche Art zu kontrollieren: Gesunde Ernährungsmöglichkeiten für alle Diabetiker

Frühstücks-Rezepte

1. Vollkorn-Power-Pfannkuchen

Zutaten:

- 1/3 Tasse Haushaltsmehl
- ½ Tasse fettreduzierte Milch
- 1 EL Backpulver
- ½ TL Salz
- 3 EL Diabetikerzucker
- 1 Ei
- 2 EL Olivenöl

Zubereitung:

Vermenge die Zutaten in einer Schüssel und rühre alles mit einer Gabel oder einem elektrischen Mixer gut um. Du erhältst eine leichte und schaumige Masse. Bedecke sie und lasse sie etwa 10 Minuten ruhen.

Erhitze etwas Öl in einer Pfanne. Verwende ungefähr eine ½ Tasse Pfannkuchen Mischung um einen Pfannkuchen zu erhalten. Brate ihn 1-2 Minuten auf jeder Seite an.

Garniere ihn mit warmer Schokoladensauce, Erdbeeren, Schlagsahne oder einer anderen zuckerfreien Zutat, die du möchtest.

Wie bereitest du eine warme, zuckerfreie Schokoladensauce her?

Zutaten:

- 120 ml ungesüßte Schokoladen (85% Kakao)
- 1 Tasse Schlagsahne
- ½ Tasse Kokosöl
- 8 EL Agavensirup
- 2 EL ungesüßtes, rohes Kakaopulver
- 2 TL flüssiges Vanilleextrakt

Zubereitung:

Erhitze das Kokosöl bei mittlerer Hitze. Schmelze die Schokolade darin und rühre den Agavensirup, das Kakaopulver, den Vanilleextrakt und die Schlagsahne ein. Rühre alles mit einem elektrischen Mixer um.

Verwende die Sauce zum Garnieren des Pfannkuchens.

Nährwertangabe pro Portion: Kcal: 312 Proteine: 14,5g, Kohlenhydrate: 42g, Fette: 18g, Natrium: 350mg

2. Zuckerfreies Blaubeermousse

Zutaten:

- ½ Tasse Blaubeeren
- ¼ Tasse Himbeeren
- 1 mittlere Scheibe Melone
- 2 Tassen fettreduzierte Milch
- ½ Tasse schwere Schlagsahne, zuckerfrei
- eine Handvoll Haferflocken
- Zimt zum Garnieren

Zubereitung:

Gib die Zutaten in einen Mixer and vermenge alles.

Nährwertangabe pro Portion: Kcal: 97 Proteine: 16g, Kohlenhydrate: 24g, Fette: 9g, Natrium: 128mg

3. Warmer Bananen-Porridge

Zutaten

- ½ Tasse Haferflocken
- 1 Tasse Wasser
- 1 Tasse Mandelmilch
- 1 Banane, geschnitten
- 1 EL Leinsamen-Sonnenblumenkerne-Mandel-Mischung
- Sultanat zum Garnieren
- 1 EL Manukahonig (oder purer Ahornsirup)
- 1 TL Zimt, gemahlen

Zubereitung:

Bring eine Tasse Wasser zum Kochen. Gib die Haferflocken dazu und koche sie einige Minuten.

Setz die Hitze herab und gib eine Tasse Mandelmilch dazu. Lass alles köcheln, bis die Haferflocken weich sind. Rühre die geschnittenen Bananen, Zimt, Honig, 1 TL Leinsamen-Sonnenblumenkerne-Mandel-Mischung und das Sultanat als Dekoration hinzu.

Serviere direkt.

Nährwertangabe pro Portion: Kcal: 256 Proteine: 31,3g, Kohlenhydrate: 24g, Fette: 11g, Natrium: 154mg

4. Mango Super-Haferbrei

Zutaten:

- 1 Packung schnell kochende Haferflocken
- ½ Tasse gehackte Mango
- 1 TL Agavensirup oder Naturhonig
- ¼ TL Zimt

Zubereitung:

Bereite die Haferflocken nach Packungsanweisung zu.

Rühre den Agavensirup und Zimt unter. Vermische alles gut.

Garniere mit Mango und serviere.

Nährwertangabe pro Portion: Kcal: 219 Proteine: 14g, Kohlenhydrate: 29g, Fette: 10g, Natrium: 190mg

5. Mr. Mandel und Mrs. Apfel-Haferflocke

Zutaten

- ½ Tasse Haferflocken
- 1 Tasse Wasser
- 1 Alkmene Apfel, geschält und geschnitten
- 1 Apfel, geschnitten
- 2 EL Mandeljoghurt, zuckerfrei
- 1 TL Zimt, gemahlen

Zubereitung

Erhitze Wasser and gib die Haferflocken dazu. Koche sie kurz (2-3 Minuten) und verringere die Hitze.

Gib den klein geschnittenen Alkmene Apfel und einen TL Zimt dazu. Lass die Mischung für weitere 10 Minuten köcheln. Nimm den Topf vom Herd.

Garniere mit Mandeljoghurt und dem geschnittenen Apfel. Serviere warm.

Nährwertangabe pro Portion: Kcal: 190 Proteine: 12g, Kohlenhydrate: 35g, Fette: 8,9g, Natrium: 219mg

6. Haferbrei mit Mandeln und Zimt

Zutaten:

- 1 Packung schnell kochende Haferflocken
- ¼ Tasse geröstete Mandeln, gewürfelt
- 1 TL Zimt
- 1 TL Agavensirup
- 60 ml gewürfelte Mango

Zubereitung:

Bring Wasser zum Kochen und gib die Haferflocken dazu. Lass sie kurz kochen (einige Minuten) und senke die Hitze.

Rühre Zimt und Agavensirup unter. Garniere mit Mandeln und der gewürfelten Mango.

Serviere warm.

Nährwertangabe pro Portion: Kcal: 119 Proteine: 17g, Kohlenhydrate: 27g, Fette: 9g, Natrium: 158mg

7. Pfannkuchen mit Schlagsahne

Zutaten

- ½ Tasse Haushaltsmehl
- 1 Ei

- 1 Tasse Kokosmilch, zuckerfrei
- 1 Tasse Himbeeren
- 1 TL Vanilleextrakt, zuckerfrei
- Bratöl
- 2 Tassen Schlagsahne zum Garnieren, zuckerfrei

Zubereitung:

Vermenge das Haushaltsmehl und den Vanilleextrakt in einer großen Schüssel. Rühre langsam die Kokosmilch und ein Ei unter. Vermische alles gut mit einem Mixer.

Gib etwas Bratöl in eine kleine, antihaftbeschichtete Bratpfanne.

Füge etwa ½ Tasse Pfannkuchen-Mischung hinzu und brate sie etwa 3 Minuten auf jeder Seite an.

Garniere sie mit einem Esslöffel Schlagsahne und Himbeeren.

Nährwertangabe pro Portion: Kcal: 298 Proteine: 31g, Kohlenhydrate: 42g, Fette: 26g, Natrium: 335mg

8. Waldbeeren-Smoothie

Zutaten:

- 1 Tasse Waldbeeren
- 2 Tassen fettreduzierte Milch
- 1 TL Honig (oder alternativ Agavensirup)
- 1 EL Kürbiskerne
- ½ Tasse Wasser
- ¼ TL Zimt

Zubereitung:

Vermenge die Zutaten in einem Mixer und rühre alles gut um.

Nährwertangabe pro Portion: Kcal: 98 Proteine: 30g, Kohlenhydrate: 26g, Fette: 4g, Natrium: 146mg

9. Einfach Vanille-Haferflocken

Zutaten:

- ¾ Tasse Haferflocken
- 1 kleinen Apfel, geschält und fein gewürfelt
- 1 TL glutenfreies Vanilleextrakt
- ½ Tasse Mandelmilch
- Wasser

Zubereitung:

Gib die Haferflocken in eine Schüssel und bedecke sie mit Wasser. Lass sie eine Weile stehen, damit sie sich mit Wasser vollziehen und weich werden können. Trockne sie dann ab und gib sie in einen Topf.

Gib den gewürfelten Apfel dazu, vermische ihn mit den Haferflocken und gib eine Tasse gefiltertes Wasser dazu.

Bring alles zum Kochen und lass es auf kleiner Flamme köcheln. Rühre das Vanilleextrakt und die Mandelmilch unter. Mische alles gut durch.

Koche alles einige Minuten, rühre gelegentlich um.

Wenn alles fertig ist, streue etwas Zimt darüber und serviere.

Nährwertangabe pro Portion: Kcal: 226 Proteine: 19g, Kohlenhydrate: 21g, Fette: 7g, Natrium: 198mg

10. Haferflocken Spaß über Nacht

Zutaten:

- ½ Tasse glutenfreie Haferflocken
- 1 Tasse ungesüßte Mandelmilch
- 1 TL gemahlener Zimt
- ½ mittlerer Apfel, geschnitten
- ¼ Tasse Walnüsse
- 1 TL Ahornsirup

Zubereitung:

Bring eine Tasse Mandelmilch zum Kochen. Gib die Haferflocken dazu und koche alles wenige Minuten auf. Verringere die Hitze und rühre den gemahlenen Zimt und Ahornsirup unter. Mische alles gut und lass es einige Minuten kochen oder bis die Haferflocken weich sind.

Nimm den Topf vom Herd und lass sie eine Weile abkühlen. Decke sie ab und stell sie über Nacht in den Kühlschrank.

Garniere sie mit Walnüsse und dem geschnittenen Apfel. Du kannst auch etwas Ahornsirup darüber sprenkeln, wenn du möchtest.

Nährwertangabe pro Portion: Kcal: 220 Proteine: 14g, Kohlenhydrate: 35g, Fette: 11g, Natrium: 230mg

11. Schlagsahnen-Parfait

Zutaten:

- 2 Tassen Erdbeeren
- 1 Tasse Schlagsahne
- ¼ Tasse Walnüsse

Zubereitung:

Wasche die Erdbeeren, putze sie und würfle sie fein. Schlage die Sahne leicht auf.

Stell einige Erdbeeren als Dekoration zur Seite und zerdrücke den Rest.

Schichte nun alles in einer Tasse: zuerst eine Schicht Haferflocken, dann eine Schicht Schlagsahne und zuletzt eine Schicht Erdbeeren. Wiederhole den Vorgang, bis alle Zutaten verbraucht sind. Garniere das Parfait mit gehackten Walnüssen und Erdbeeren.

Nährwertangabe pro Portion: Kcal: 90 Proteine: 26g, Kohlenhydrate: 29g, Fette: 5g, Natrium: 150mg

12. Zuckerfreie Muffins

Zutaten:

- 1 Tasse Haferbrei
- 1 Tasse Vollkorn- oder Roggenmehl
- 1 TL Backpulver
- 1 TL Vanillepulver, zuckerfrei
- 2 EL kaltgepresstes Sonnenblumenöl
- 2 EL Stevia
- 3 EL Wasser
- 1 Ei
- 2 EL Zitronenschale
- 1 Tasse Blaubeeren

Zubereitung:

Heize den Backofen auf 180°C vor. Fette die Muffinförmchen ein und stell sie zur Seite.

Vermische die Haferkleie, Mehl, Backpulver und Vanillepulver in einer Schüssel.

Vermenge Öl, Stevia, Wasser, Ei und Zitronensaft. Vermische die Zutaten mit den trockenen Zutaten. Rühre die Blaubeeren und die Zitronenschale unter.

Verteil die Mischung in die Förmchen und backe sie 15 Minuten.

Nährwertangabe pro Portion: Kcal: 317 Proteine: 21,5g, Kohlenhydrate: 39g, Fette: 18g, Natrium: 361mg

13. Haferbrei mit Blaubeeren und Agavensirup

Zutaten:

- 1 Tasse Haferflocken
- ½ Tasse Blaubeeren
- 1 TL Agavensirup

Zubereitung:

Gib die Haferflocken in eine Schüssel und bedecke sie mit Wasser. Lass sie eine Weile ruhen, damit sie sich mit Wasser vollziehen und weich werden können. Trockne sie ab und gib sie in einen Topf. Schütte genügend Wasser dazu, dass die Haferflocken bedeckt sind und bringe sie zum Kochen. Lass sie 5 Minuten köcheln.

Gib alles in eine Servierschale und rühre den Agavensirup unter. Garniere mit Blaubeeren.

Nährwertangabe pro Portion: Kcal: 219 Proteine: 8,7g, Kohlenhydrate: 29g, Fette: 5,9g, Natrium: 187mg

14. Bauernfrühstück mit Himbeeren

Zutaten:

- 2 Eier
- ½ Tasse Himbeeren
- 1 TL Agavensirup
- 2 EL zuckerfreie Schlagsahne
- 2 EL Olivenöl

Zubereitung:

Erhitze das Olivenöl bei mittlerer Hitze.

Verrühre die Eier und brate sie 2 Minuten an, rühre gelegentlich um.

Vermenge in einer kleinen Schüssel die Himbeeren mit dem Agavensirup und der Schlagsahne. Verwende die Mischung als Garnitur der Eier oder serviere sie getrennt.

Nährwertangabe pro Portion: Kcal: 189 Proteine: 34g, Kohlenhydrate: 19g, Fette: 21g, Natrium: 206mg

Mittagessen-Rezepte

15. Avocado-Eier mit getrocknetem Rosmarin

Zutaten:

- 3 mittelreife Avocados, halbiert
- 6 Eier
- 1 mittlere Tomate, fein gewürfelt
- 3 EL Olivenöl
- 2 TL getrockneter Rosmarin
- Salz und Pfeffer zum Abschmecken

Zubereitung:

Heize den Backofen auf 180°C vor. Halbiere die Avocados und entferne das Fleisch aus der Mitte. Gib ein Ei und die gewürfelte Tomate in jede Avocadohälfte und streue Rosmarin, Salz und Pfeffer darüber. Fette die Backform mit Olivenöl ein und leg die Avocados hinein. Verwende eine kleine Backform, damit die Avocados en aneinander liegen. Stelle die Form etwa 15-20 Minuten in den Ofen.

Nährwertangabe pro Portion: Kcal: 280 Proteine: 28g, Kohlenhydrate: 41g, Fette: 20g, Natrium: 303mg

16. Cremige Mittags-Pfannkuchen To-Go

Zutaten:

- 1 Tasse Haushaltsmehl
- 2 Eier
- ½ TL Salz
- 1 EL saure Sahne
- 2 TL Backpulver
- 1 Tasse fettreduzierte Milch
- 1 Tasse Hüttenkäse
- 1 Tasse Spinat, gekocht und getrocknet
- Fettfreies Kochspray

Zubereitung:

Vermenge das Mehl, die Eier, Salz, saure Sahne, Backpulver und 1 Tasse Milch in einer Schüssel. Mische alles mit einem elektrischen Mixer durch, bis die Mischung geschmeidig ist. Decke sie ab und lass sie 15 Minuten ruhen.

Vermische in einer anderen Schüssel den Hüttenkäse und den trockenen Spinat. Rühre die beiden gut um. Stell die Schüssel dann zur Seite.

Träufle etwas fettfreier Kochspray in eine Bratpfanne. Verwende ¼ Tasse Teigmischung, um einen Pfannkuchen zuzubereiten. Brate die Pfannkuchen etwa 10-15 Sekunden auf jeder Seite an. Damit solltest du 6 Pfannkuchen erhalten.

Verteile 1 EL der Käsemischung über jeden Pfannkuchen und serviere.

Nährwertangabe pro Portion: Kcal: 302 Proteine: 36g, Kohlenhydrate: 18g, Fette: 18g, Natrium: 355mg

17. Süßkartoffeln mit Eiweiß

Zutaten:

- 4 mittlere Süßkartoffeln, geschält
- 6 Eier
- 2 mittlere Zwiebeln, geschält
- 1 EL gemahlener Knoblauch
- 4 EL Olivenöl
- ½ TL Meersalz
- ¼ TL gemahlener Pfeffer

Zubereitung:

Heize den Backofen auf 180°C vor. Träufle 2 EL Olivenöl über ein mittelgroßes Backblech. Verteile die Kartoffeln auf das Blech. Backe sie für etwa 20 Minuten. Nimm es aus dem Ofen und lass es eine Weile abkühlen. Senke die Temperatur des Ofens dann auf 90°C ab.

Würfel in der Zwischenzeit die Zwiebeln klein. Trenne das Eiweiß vom Eigelb. Schneide die Kartoffeln in dicke Scheiben und lege sie in eine Schüssel. Gib die gewürfelten Zwiebeln, 2 EL Olivenöl, Eiweiß, gemahlener Knoblauch, Meersalz und Pfeffer hinzu. Rühre gut um

Verteile die Mischung über ein Backbleck und backe alles weitere 15-20 Minuten.

Nährwertangabe pro Portion: Kcal: 390 Proteine: 38g, Kohlenhydrate: 40g, Fette: 26g, Natrium: 380mg

18. Spinat Ravioli

Zutaten:

<u>Ravioli</u>

- 2 ½ Tassen Haushaltsmehl
- ½ Tassen Wasser
- 3 Eier
- 3 Eiweiß
- ½ TL Salz
- 3 EL Olivenöl
- <u>Füllung</u>
- 2 EL Olivenöl
- 2 Tassen Spinat, gehackt
- 1 Tasse Hüttenkäse
- 1 Tasse fettreduzierter Joghurt
- ¼ TL Salz
- ¼ TL Pfeffer

Zubereitung:

Vermenge in einer großen Schüssel Haushaltsmehl, Wasser, Eier, Olivenöl und Salz. Bereite damit einen geschmeidigen Teig zu. Decke ihn ab und stell ihn etwa 30 Minuten an einen warmen Ort.

Erhitze den Spinat in gesalzenem Wasser, trockne ihn und schneide ihn. Gib Hüttenkäse, Joghurt, Öl, Salz und Pfeffer dazu.

Rolle den Teig dünn aus, steche mithilfe von Formen Kreise aus und gib in die Mitte einen Löffel der Füllung. Lege einen zweiten Kreis darauf und drücke die Enden mit einer Gabel an, damit die Füllung nicht entweicht.

Koche die Ravioli in Wasser, in das du etwas Salz und Olivenöl gibst. Es sollte etwa 15 Minuten dauern. Nimm sie aus dem Topf und trockne sie. Serviere sie mit fettreduzierter Sahne darauf. (optional).

Nährwertangabe pro Portion: Kcal: 390 Proteine: 41g, Kohlenhydrate: 45g, Fette: 26g, Natrium: 398mg

19. Leichte Thunfisch-Makkaroni

Zutaten:

- 1 Tasse Thunfisch
- ½ Tasse fettreduzierte saure Sahne
- 2 Tassen Reismehl-Makkaroni
- 1 TL Meersalz
- 1 TL Olivenöl
- 1 EL Gemüseöl
- Einige Oliven als Dekoration (optional)

Zubereitung:

Gib 3 Tassen Wasser in einen Topf. Bring es zum Kochen und gib die Makkaroni zusammen mit etwas Salz hinzu. Koche die Makkaroni etwa 3 Minuten (Reismehl-Makkaroni brauchen nicht so lange zum Kochen). Du kannst die Makkaroni auch nach Packungsanweisung zubereiten, wenn du dir nicht sicher bist. Nimm sie vom Herd und trockne sie ab.

Vermenge in einer Schüssel Thunfisch mit fettreduzierter saurer Sahne. Zerdrücke sie mit einer Gabel.

Schmelze in einer Pfanne 1 TL Olivenöl und gib 1 EL Gemüseöl hinzu. Lass es bei mittlerer Hitze heiß werden und füge die Thunfisch-Mischung hinzu. Brate sie etwa 15-20 Minuten an, rühre gelegentlich um. Gib die Makkaroni dazu und mische alles. Decke die Pfanne ab und erwärme die Makkaroni. Serviere alles war mit einigen Oliven.

Nährwertangabe pro Portion: Kcal: 350 Proteine: 36g, Kohlenhydrate: 38g, Fette: 18g, Natrium: 340mg

20. Hühnchenflügel

Zutaten:

- 1 kg Hühnchenflügel
- 2 mittlere Zwiebel, gewürfelt
- 2 kleine Chilipepperoni
- 1 Tasse Hühnerbrühe
- ¼ Tasse frisch gepresster Orangensaft, ungesüßt
- 1 TL Orangenextrakt, zuckerfrei
- 2 EL Olivenöl
- 1 TL Barbecuesauce
- 1 kleine rote Zwiebel, gewürfelt

Zubereitung:

Erhitze das Olivenöl in einer großen Pfanne. Gib die gewürfelten Zwiebeln dazu und brate sie einige Minuten bei mittlerer Hitze an – bis sie eine goldene Farbe besitzen.

Vermenge die Chili-Pepperoni, Orangensaft und Orangenextrakt. Vermische alles 20-30 Sekunden in einer Küchenmaschine. Gib die Mischung in eine Pfanne und rühre gut um. Reduziere die Hitze, bis die Mischung nur noch köchelt.

Bestreiche das Hühnchen mit der Barbecue-Sauce und gib es in eine Pfanne. Füge die Hühnerbrühe hinzu und bringe sie zum Kochen. Erhitze sie bei mittlerer Temperatur, bis das Wasser verdampft ist. Nimm sie dann vom Herd.

Heize den Backofen auf 180°C vor. Lege das Hühnchen in eine große Auflaufform. Backe es etwa 15 Minuten, bis es knusprig ist und eine goldbraune Farbe besitzt.

Nährwertangabe pro Portion: Kcal: 180 Proteine: 41g, Kohlenhydrate: 14g, Fette: 30g, Natrium: 80mg

21. Gegrilltes Kalbsfleisch-Steak mit Gemüse

Zutaten:

- 500 g Kalbsfleisch-Steak, 2,5 cm dick
- 1 mittlere rote Pepperoni
- 1 mittlere grüne Pepperoni
- 1 kleine Zwiebel, fein gewürfelt
- 3 EL Olivenöl
- Salz und Pfeffer zum Abschmecken

Zubereitung:

Wasche das Steak und tupfe es mit Küchenpapier ab. Erhitze das Olivenöl bei mittlerer Hitze in einer antihaftbeschichteten Pfanne etwa 20 Minuten (etwa 10 Minuten pro Seite). Nimm sie vom Herd und stelle sie zur Seite.

Wasche und schneide das Gemüse in Streifen. Gib etwas Salz und Pfeffer dazu. Gib alles etwa 15 Minuten in eine Bratpfanne, rühre gelegentlich um.

Serviere direkt.

Nährwertangabe pro Portion: Kcal: 350 Proteine: 39g, Kohlenhydrate: 32g, Fette: 18g, Natrium: 111mg

22. Hühnchen und Reis

Zutaten:

- 500 g Hühnchen Schenkel
- 1 Tasse brauner Reis
- 3 Tassen Hühnerbrühe
- 1 kleine Zwiebel, gewürfelt
- 1 große Karotte, gewürfelt
- ½ Tasse Artischocke, gewürfelt
- ½ Tasse grüne Bohnen, gewürfelt und getrocknet
- ½ TL Salz
- ¼ TL Pfeffer

Zubereitung:

Lege das Hühnchen in einen tiefen Topf. Gib Zwiebeln Hühnerbrühe darauf, bis das Fleisch halb bedeckt ist. Bring alles zum Kochen und erhitze es bei mittlerer Hitze, bis das Fleisch weich ist. Nimm es vom Herd und leg es in eine Bratform.

Füge die restlichen Zutaten hinzu und vermische alles gut durch.

Heize den Backofen auf 120°C vor. Backe alles etwa 30 Minuten oder bis der Reis gar ist. Rühre alles ständig um.

Nährwertangabe pro Portion: Kcal: 209 Proteine: 45g, Kohlenhydrate: 42g, Fette: 24g, Natrium: 189mg

23. Gegrilltes Lamm mit Reis

Zutaten:

- 1 kg Lammkotelett, ohne Knochen
- 1 Tasse Reis
- 2 ½ Tasse Wasser
- 1 TL gemahlene Kurkuma
- 5 EL Olivenöl
- ¼ Tasse frisch gepresster Zitronensaft
- 3 Knoblauchzehen, gehackt
- ½ TL Meersalz
- ½ TL gemahlener Pfeffer
- 1 EL Haushaltsmehl
- ¼ Tasse Wasser

Zubereitung:

Erhitze 2 ½ Tassen Wasser und gib den Reis dazu. Koche ihn bei mittlerer Hitze etwa 10 Minuten oder bis das Wasser verdampft ist. Nimm ihn vom Herd und würze mit Kurkuma. Diese verleiht dem Reis eine schöne goldene Farbe, aber sie verleiht dem Gericht auch zusätzliche Nährwerte. Decke den Reis ab und stell ihn zur Seite.

Wasche und trockne das Kotelett ab. Erhitze das Olivenöl bei mittlerer Temperatur. Gib das Kotelett in eine Bratpfanne und brate es etwa 10 Minuten auf jeder Seite.

Reduziere die Hitze und gib Mehl, gehackter Knoblauch, Zitronensaft, Salz, Pfeffer und etwas Wasser dazu (¼ Tasse sollte genug sein). Rühre gut um und koche alles etwa 15 Minuten.

Serviere mit Reis.

Nährwertangabe pro Portion: Kcal: 355 Proteine: 46g, Kohlenhydrate: 42g, Fette: 31g, Natrium: 389mg

24. Knusprige Lachsscheiben

Zutaten:

- 500 g frischer Lachs, 2,5 cm dick
- 1 Tasse saure Sahne
- 1 Tasse Griechischer Joghurt
- 1 EL Knoblauchpulver
- 2 Eier
- ½ TL Meersalz
- 1 EL getrocknete Petersilie
- 2 EL Rapsöl

Zubereitung:

Vermenge die saure Sahne, den Griechischen Joghurt, Eier, Knoblauchpulver, Salz und die getrocknete Petersilie in einer Schüssel. Gib die Mandelscheiben dazu und leg sie etwa eine Stunde ein.

Heize den Backofen auf 180°C vor. Lege die Mandelscheiben zusammen mit der Marinade in eine Backform. Backe alles 35 Minuten. Nimm die Form aus dem Backofen und serviere den Lachs mit der Marinade.

Nährwertangabe pro Portion: Kcal: 388 Proteine: 39g, Kohlenhydrate: 28g, Fette: 26g, Natrium: 180mg

Zuckerfreie Snacks

25. Frische Erdbeer-Pfannkuchen

Zutaten:

- 1 Tasse Haushaltsmehl
- 2 Eier
- 2 TL Zucker
- 1 TL Vanilleextrakt, zuckerfrei
- 1 EL saure Sahne
- 2 TL Backpulver
- 1 Tasse fettreduzierte Milch
- 1 Tasse frische Erdbeeren
- 2 EL Öl zum Braten

Zubereitung:

Vermenge die trockenen Zutaten in einer großen Schüssel. Vermenge alles und gib nach und nach 1 Tasse Milch, 2 Eier und 1 EL saure Sahne dazu. Decke den Teig ab und lass ihn etwa 7-10 Minuten ruhen.

Träufle in der Zwischenzeit etwas Öl in eine mittelgroße, antihaftbeschichte Bratpfanne und heize den Backofen bei mittlerer Hitze vor. Etwa 1 EL Öl müsste für die ersten beiden Pfannkuchen ausreichend sein. Du kannst später noch mehr Öl dazugeben. Brate sie etwa eine Minute auf jeder Seite an, wende sie und brate sie auf der anderen

Seite ebenfalls 1 Minute, bis sie auf beiden Seiten eine leichte braune Farbe annehmen. Lege sie dann auf einen Teller.

Garniere jeden Pfannkuchen mit frischen Erdbeeren und serviere sie.

Nährwertangabe pro Portion: Kcal: 300 Proteine: 15g, Kohlenhydrate: 40g, Fette: 16g, Natrium: 355mg

26. Käsestangen

Zutaten:

- 1 Tasse Haushaltsmehl
- 1/2 EL Backpulver
- 1 Ei
- 1 EL Margarine
- 1 Tasse geraspelter Gouda
- ½ Tasse fettreduzierter Milch
- Öl zum Braten

Zubereitung:

Vermenge alles mit einem elektrischen Mixer in einer Schüssel, um einen geschmeidigen Teig zu erhalten. Rolle ihn anschließend aus und schneide ihn in 2,5 cm dicke Scheiben.

Erhitze ½ Tasse Öl in einer tiefen Bratpfanne bei höchster Stufe. Gib die Käsestangen dazu und braute sie einige Minuten an.

Nutze ein Küchenpapier um das austretende Öl aufzufangen.

Serviere die Stangen warm.

Nährwertangabe pro Portion: Kcal: 412 Proteine: 41g, Kohlenhydrate: 35g, Fette: 26g, Natrium: 487mg

27. Tassenkuchen mit Früchten

Zutaten:

- Teigmischung für Tassenkuchen (gekühlt)
- Für die Glasur:
- 1 Tasse Honig
- ½ Tasse Stevia
- Geschnittenes Obst deiner Wahl

Zubereitung:

Heize den Backofen auf 180°C vor. Stelle die Form für den Tassenkuchen auf ein Backblech. Gib 2 Esslöffel Tassenkuchen Teig auf den Boden jeder Tasse. Backe ihn etwa 20 Minuten bei 180 Grad. Nimm die Form aus dem Ofen und garniere sie mit Früchten obenauf. Vermische alle Zutaten für die Glasur in einer kleinen Schüssel. Gieße die Mischung über die Tassenkuchen und backe alles weitere 5-6 Minuten.

Nährwertangabe pro Portion: Kcal: 312 Proteine: 36g, Kohlenhydrate: 44g, Fette: 29g, Natrium: 690mg

28. Haferflocken Cookies

Zutaten:

- 1 ½ Tasse Haferflocken plus
- ½ Tasse Erdnussbutter
- ¼ Tasse gehackte Mandeln
- 3 EL Agavensirup
- 1 EL gehackte Chiasamen
- 1 EL Vanilleextrakt, zuckerfrei
- 3 Tassen fettreduzierte Milch

Zubereitung:

Gib eine Tasse Haferflocken in eine Schüssel. Füge die trockenen Zutaten hinzu und rühre alles um, bis es vermengt ist.

Füge nun die Erdnussbutter und den Agavensirup bei. Mische alles gut und gieße Milch und Vanilleextrakt hinzu. Forme die Cookies mit deinen Händen und stell sie in den vorgeheizten Backofen. Backe sie bei 180°C etwa 20 Minuten.

Nährwertangabe pro Portion: Kcal: 320 Proteine: 41g, Kohlenhydrate: 56g, Fette: 19g, Natrium: 519mg

29. Käseaufstrich

Zutaten:

- 1 Tasse frischer Hüttenkäse
- 1 Tasse Sahne
- Gewürze und Kräuter zum Abschmecken (Zwiebeln, Schnittlauch, rote Pepperoni, frischer Basilikum etc.)
- etwas Salz und Pfeffer
- 2 Scheiben Vollkornbrot

Zubereitung:

Mische den Käsen und die saure Sahne, füg die Gewürze bei, die das Kind mag und rühre alles gut um. Du kannst es als Mahlzeit oder Aufstrich servieren.

Nährwertangabe pro Portion: Kcal: 340 Proteine: 44g, Kohlenhydrate: 59g, Fette: 21g, Natrium: 615mg

30. Hausgemachtes Apfelkompott

Zutaten:

- 5-6 mittelgroße Äpfel (Alkmene Apfel)
- 1 TL gemahlen Zimt
- 6 EL Stevia
- 4 Tassen Wasser

Zubereitung:

Wasche und schäle die Äpfel. Viertel sie und entferne das Kerngehäuse. Lege sie in einen großen Topf und gieße genug Wasser darüber, um sie zu bedecken (4 Tassen sollten genügen). Bring sie zum Kochen, bis sie weich sind. Rühre gelegentlich um. Nach etwa 20 Minuten kannst du sie vom Herd nehmen und trocknen. Lass sie etwas abkühlen und zerdrücke sie mit einer Gabel. Gib Stevia und gemahlener Zimt dazu.

Stell das Kompott 30 Minuten in den Kühlschrank, bevor du es servierst.

Nährwertangabe pro Portion: Kcal: 98 Proteine: 7g, Kohlenhydrate: 38g, Fette: 5g, Natrium: 140mg

31. Fruchtbällchen

Zutaten:

- 1 Tasse gehackte Mandeln
- ½ Tasse Erdnussbutter
- ½ Tasse Agavensirup
- 2 EL gehackte Chiasamen
- ¼ Tasse Kakaopulver, ungesüßt
- ¼ Tasse geraspelte dunkle Schokolade, zuckerfrei
- ¼ Tasse Milch

Zubereitung:

Vermenge die Zutaten in einer Schüssel und vermenge sie gut. Forme mit deinen Händen Bällchen und stelle sie etwa 30 Minuten in den Kühlschrank.

Nährwertangabe pro Portion: Kcal: 360 Proteine: 11,5g, Kohlenhydrate: 42g, Fette: 18g, Natrium: 414mg

32. Cremiges Joghurt-Frühstück

Zutaten:

- 1 Tasse Türkischer Joghurt
- 1 EL fettreduzierte Schlagsahne, ungesüßt
- 1 Eiweiß
- 2 TL Honig
- ½ TL Vanilleextrakt, zuckerfrei

Zubereitung:

Vermenge für dieses leichte Rezept 1 EL Schlagsahne mit 1 Tasse Türkischem Joghurt, 1 Eiweiß, ½ TL Vanilleextrakt und 2 EL Honig. Verwende eine Gabel oder einen elektrischen Mixer, um eine geschmeidige Masse zu erhalten. Lass sie im Kühlschrank kalt werden.

Nährwertangabe pro Portion: Kcal: 119 Proteine: 33g, Kohlenhydrate: 7g, Fette: 17g, Natrium: 150mg

33. Obstsalat

Zutaten

- 1 Tasse Früchte deiner Wahl, geschnitten (wir verwenden Äpfel, Pfirsiche, Trauben, Blaubeeren und Limette)
- 2 EL fettreduzierte Schlagsahne
- 1 EL Honig

Zubereitung:

Vermenge das Obst in einer großen Schüssel. Gib Honig dazu und rühre gut um. Verteile Schlagsahne darauf. Serviere den Salat kühl.

Nährwertangabe pro Portion: Kcal: 190 Proteine: 21g, Kohlenhydrate: 44g, Fette: 12g, Natrium: 143mg

34. Avocado-Salsa

Zutaten:

- 2 reife Avocados, entkernt und geschnitten
- ½ Tasse gewürfelte Zwiebel
- 2 Jalapeno-Pepperoni, entkernt und gehackt
- 3 Bio-Limetten, Saft
- 2 EL natives Olivenöl
- 2 EL frisch gehackte Korianderblätter
- Salz und gemahlener schwarzer Pfeffer zum Abschmecken

Zubereitung:

Vermenge alle Salsa Zutaten in einer großen Schüssel und rühre sie mit einem elektrischen Mixer gut um. Decke die Mischung ab und lass sie ausreichend ruhen.

Nährwertangabe pro Portion: Kcal: 219 Protein: 17g, Kohlenhydrate: 44g, Fette: 24g, Natrium: 180mg

35. Zerdrückter Blumenkohl

Zutaten:

- 2 Tassen Blumenkohl, gewürfelt
- frisches Wasser
- ½ Tasse fettreduzierte Milch
- 1 EL Griechischer Joghurt, zuckerfrei
- Salz
- 1 TL getrocknete Minze (oder andere Kräuter deiner Wahl

Zubereitung:

Wasche und schneide den Blumenkohl in grobe Würfel. Koche ihn etwa 15-20 Minuten in gesalzenem Wasser. Wenn er fertig ist, trockne ihn und zerdrücke ihn mit einer Gabel. Gib Milch sowie Griechischer Joghurt dazu und rühre alles gut um, bis du eine geschmeidige Masse erhältst. Ich rühre alles immer mit einem elektrischen Mixer um. Gib noch etwas Salz dazu, wenn du möchtest und bestreue alles mit getrockneter Minze.

Nährwertangabe pro Portion: Kcal: 119 Proteine: 36g, Kohlenhydrate: 19g, Fette: 17g, Natrium: 121mg

36. Ei und Avocado-Püree

Zutaten:

- 2 Eier
- 1 Tasse fettreduzierte Milch
- 1 EL saure Sahne
- 1 reife Avocado
- Einige Minzblätter
- Salz zum Abschmecken

Zubereitung:

Bringe die Eier zum Kochen. Nimm sie vom Herd und lass sie abkühlen. Schäle und schneide die Eier. Gib eine Prise Salz dazu und stell sie etwa 30 Minuten in den Kühlschrank. Schäle und schneide in der Zwischenzeit die Avocado klein. Gib sie in eine Küchenmaschine. Füge Milch, Eier, Sahne und Minzblätter bei. Rühre alles etwa 30 Sekunden gut um. Serviere das Püree kalt.

Nährwertangabe pro Portion: Kcal: 216 Proteine: 35g, Kohlenhydrate: 39g, Fette: 28g, Natrium: 189mg

37. Grünkohl Pommes

Zutaten:

- 1 EL Himalaya-Salz
- 1 Kopf Grünkohl

Zubereitung:

Heize den Backofen auf 210°C vor. Nimm ein Backbleck und lege es mit Backpapier aus. Nimm ein Messer, um die Blätter vom Grünkohl abzuschälen. Achte darauf, den Stamm wegzuwerfen. Schneide die Blätter in mundgerechte Stücke. Wasche den Grünkohl.

Backe den Grünkohl, bis er an den Rändern braun wird und schmecke ihn mit etwas Salz ab. Das sollte insgesamt nicht mehr als 15 Minuten dauern.

Nährwertangabe pro Portion: Kcal: 89 Proteine: 2,9g, Kohlenhydrate: 28g, Fette: 0,4g, Natrium: 140mg

38. Obst-Pizza

Zutaten:

- 2 Birnen
- 1 Apfel
- 1 Tasse Erdbeeren
- Einige Scheiben Ananas
- 1 Tasse Pfirsiche, Kirschen, Feigen (optional)
- ½ Tasse fettreduzierte Milch
- 1 Pizzateig
- 1 Orange
- 1 Zitrone
- 1 Tasse Schlagsahne, zuckerfrei

Zubereitung:

Bereite den Teig nach Packungsanweisung zu.

Wasche und putze die Früchte. Schäle die Ananas und die Feigen und schneide sie in Würfel. Schneide dann die Orange sowie die Zitrone jeweils mit Schale.

Verquirle die Schlagsahne mit Milch, bis sie geschmeidig ist. Rolle den Teig aus und teile ihn in vier Kreise, auf die du die Milch-Sahne-Mischung verteilst.

Backe den Teig 15 Minuten bei 210°C.

Nimm die Pizza aus dem Backofen und dekorieren sie mit den vorbereiteten Früchten. Stell die Pizza für weitere fünf Minuten in den Ofen.

Nährwertangabe pro Portion: Kcal: 440 Proteine: 25g, Kohlenhydrate: 51g, Fette: 21g, Natrium: 419mg

39. Gemischter Waldbeeren-Salat

Zutaten:

- 1 Tasse gemischte Waldbeeren
- 1 Banane
- 1 Apfel

Zubereitung:

Wasche und schäle den Apfel und die Banane. Schneide sie in kleine Stücke und mische sie mit den Beeren. Lass sie vor dem Servieren kalt werden.

Nährwertangabe pro Portion: Kcal: 225 Proteine: 3g, Kohlenhydrate: 35g, Fette: 0,9g, Natrium: 162mg

Abendessen-Rezepte

40. Gemüse-Honig-Wok

Zutaten:

- 500 g Hühnerbrust, ohne Knochen und Haut
- 1 mittlere rote Pepperoni, in Streifen geschnitten
- 1 mittlere grüne Pepperoni, in Streifen geschnitten
- 7-8 Stücke Baby Mais
- ½ Tasse Champignons in Dosen
- 1 Tasse Blumenkohl
- 1 mittlere Karotte, geschält und in Streifen geschnitten
- 1 TL Honig
- Salz zum Abschmecken
- 1 EL Olivenöl

Zubereitung:

Schneide das Fleisch in mundgerechte Stücke.

Erhitze in einem großen Wok Olivenöl bei hoher Temperatur. Gib das Hühnchen dabei und koche alles etwa 10 Minuten. Rühre gelegentlich um. Koche nun das Gemüse. Zuerst die Karottenstreifen und dann den Blumenkohl. Sie benötigen am längsten. Füge nun die rote und grüne Pepperoni, Baby Mais, Champignons und Honig bei. Koche alles weitere 5-7 Minuten. Aber achte darauf, das Gemüse nicht zu lange zu kochen. Es sollte noch knusprig sein. Gib das Fleisch dazu und serviere mit Reis.

Nährwertangabe pro Portion: Kcal: 319 Proteine: 45g, Kohlenhydrate: 47g, Fette: 29g, Natrium: 468mg

41. Pilz-Steak

Zutaten:

- 750g Flank Steak vom Rind
- 2 EL Gemüseöl
- ½ TL Salz
- 2 Tassen Champignons

Zubereitung:

Wasche die Steaks und tupfe sie mit Küchenpapier ab.

Erhitze in einer großen Pfanne das Gemüseöl bei mittlerer Temperatur. Brate die Steaks etwa 5-7 Minuten auf beiden Seiten an. Senke die Hitze ab und gib die Champignons dazu. Decke den Topf ab und koche alles ein paar Minuten. Serviere das Steak warm.

Nährwertangabe pro Portion: Kcal: 345 Proteine: 51g, Kohlenhydrate: 12g, Fette: 28g, Natrium: 169mg

42. Schwerer Wintereintopf

Zutaten:

- 1 kg Tafelspitz
- 1 EL Gemüseöl
- 180 ml Tomatenmark
- 2 Karotten, in Streifen geschnitten
- 1 große Tomate, gewürfelt
- 1 große Zwiebel, gewürfelt
- 1 Tasse Champignons
- ¼ EL Salz
- 1 Lorbeer
- 2 ½ Tassen Rinderbrühe
- 1 TL getrockneter Thymian
- 3 gehackte Knoblauchzehen

Zubereitung:

Nimm eine Bratpfanne und stell sie bei höchster Stufe auf. Erhitze das Gemüseöl und gib das Rindfleisch dazu. Brate es auf beiden Seiten an, bis es gleichmäßig gebräunt ist. Wenn das der Fall ist, gib das Fleisch in einen Schongarer. Brate in der gleichen Pfanne die Zwiebeln bei mittlerer Hitze an. Brate sie darin Zwiebeln etwa 5 Minuten.

Gib das Tomatenmark in eine Bratpfanne um die verbleibenden Reste vom Fleisch und den Zwiebeln aufzusaugen. Gib die Mischung danach zum Rindfleisch in einen Topf. Füge auch die restlichen Zutaten bei und rühre langsam um, insbesondere wenn die Brühe dickflüssig ist. Decke den Topf ab, lass alles bei niedriger Stufe etwa eine Stunde kochen

Nährwertangabe pro Portion: Kcal: 416 Proteine: 51g, Kohlenhydrate: 42g, Fette: 32g, Natrium: 557mg

43. Käse-Muffins

Zutaten:

- 2 Tassen Haushaltsmehl
- 1 EL Backpulver
- ½ TL Salz
- 1 Tasse Milch
- 2 Eier
- ¼ Tasse Olivenöl
- ¼ Tasse Hüttenkäse
- ¼ Tasse Spinat, gekocht und ausgepresst
- Muffinformen

Zubereitung:

Vermenge in einer großen Schüssel alle trockenen Zutaten. Rühre nach und nach die Milch unter und gib 2 Eier hinzu. Vermische alles mit einem elektrischen Mixer. Du erhältst einen geschmeidigen Muffinteig. Füge nun den Spinat und Käse in den Teig und rühre alles gut um. Verteile den Teig dann in die Muffinformen.

Heize den Backofen auf 180°C vor. Backe die Muffins etwa 25 Minuten.

Nährwertangabe pro Portion: Kcal: 215 Proteine: 27g, Kohlenhydrate: 35g, Fette: 19g, Natrium: 199mg

44. Selbstgemachte Mayonnaise-Eier

Zutaten:

- 6 Eier (große, hart gekocht, gepellt)
- 2/3 Tasse Mayonnaise, selbstgemacht
- 2 EL Dillgurken, fein gewürfelt
- ¼ Tasse Sellerie, fein geschnitten
- ¼ Tasse Zwiebel, fein gewürfelt
- 1 Tasse Krabbenfleisch, gekocht und ausgepuhlt
- 1 EL Gewürze deiner Wahl
- Salz zum Abschmecken
- Pfeffer zum Abschmecken

Selbstgemachte Mayonnaise

- 1 Eigelb (von einem großen Ei)
- ¼ TL Salz
- ¼ TL Senf
- 1 ½ EL frisch gepresster Zitronensaft
- 1 TL weißer Essig
- ¾ Tasse Avocadoöl (du kannst auch Macadamiaöl stattdessen verwenden)

Zubereitung:

Selbstgemacht Mayonnaise:

Verquirle in einer großen Schüssel das Eigelb, Salz, Senf, Zitronensaft und weißer Essig, bis das Eigelb seine Farbe verändert und eindickt. Gieße nun langsam ¼ Tasse Öl in die Mischung und rühre alles etwa 1 Minute um. Gieße dann nach 30 Sekunden nochmals ¼ Tasse darüber und rühre um. Das restliche Öl kannst du anschließend in einem Guss darüber geben. Rühre alles gut um, bis du eine dicke, cremige Mayonnaise erhältst.

Gefüllte Eier:

Halbiere die hart gekochten Eier längs und löffle mit einem Teelöffel das harte Eigelb heraus, ohne dabei das Eiweiß zu beschädigen. Stell die Eier zur Seite und gib das Eigelb in eine Schüssel. Füge die Gurken, den Sellerie, die Mayonnaise, Zwiebeln und etwas Salz sowie Pfeffer bei. Zerdrücke mit einer Gabel das Eigelb und vermenge alles, bis eine einheitliche Masse entsteht.

Füge dann das Krabbenfleisch zur Mischung und rühre es vorsichtig ein. Würze das Ganze mit Gewürzen. Fülle dann mit einem Löffel die Mischung in die ausgehöhlten Eier. Lege sie anschließend auf eine Servierplatte. Teile das ganze Eigelb auf.

Nährwertangabe pro Portion: Kcal: 180 Proteine: 48g, Kohlenhydrate: 17g, Fette: 23g, Natrium: 214mg

45. Tomaten Tostadas

Zutaten:

- 1 Tasse Kirschtomaten, halbiert
- 1 Tasse Rotkohl, fein gewürfelt
- 2 Hühnerbrüste, in große Stücke geschnitten
- ½ Tasse grüne Bohnen, gekocht
- ½ Tasse Mais, gekocht
- 1 EL Chilisauce, zuckerfrei
- ½ TL Salz
- 1 TL gemahlener Knoblauch
- 1 TL getrocknete Petersilie
- ¼ TL gemahlener schwarzer Pfeffer
- 2 EL frischer Zitronensaft
- 1 EL Stevia
- 1 TL getrockneter Oregano
- 3 EL Olivenöl
- 4 Tortillas

Zubereitung:

Vermenge die Tomaten, Oregano und Salz. Rühre gut um und brate sie 2-3 Minuten bei mittlerer Hitze. Würze mit Pfeffer. Füge nun das Fleisch bei und koche es etwa 10-15 Minuten, bis es eine schöne goldbraune Farbe annimmt. Gib die restlichen Zutaten hinzu und lass die Mischung mit Deckel etwa 10 Minuten ruhen.

Verteile auf jede Tortilla das Hühnchen und die Gemüse-Mischung. Serviere sie dann warm.

Nährwertangabe pro Portion: Kcal: 389 Proteine: 31g, Kohlenhydrate: 49g, Fette: 21g, Natrium: 414mg

46. Spinat-Kuchen

Zutaten:

- 1 Packung frischer Spinat, gewürfelt
- 4 Eier
- ½ Tasse Vollmilch
- 60 ml gewürfelter Fetakäse
- ¼ Tasse geriebener Parmesankäse
- ½ Tasse geriebener Mozzarella Käse
- 1 TL Olivenöl
- Salz und schwarzer Pfeffer zum Abschmecken
- 1 Packung Pasteten

Zubereitung:

Heize den Backofen auf 210°C vor. Fette eine Backform leicht mit Olivenöl ein und stelle sie zur Seite.

Setze eine Pastete auf den Boden deiner Backform.

Verquirle die Eier in einer Schüssel, gib Milch und geriebener Parmesan dabei und rühre alles gut um. Stell die Schüssel zur Seite.

Gib den gewürfelten Spinat und den Fetakäse auf die Pastete. Verteile die Ei-Mischung darüber und gib dann die restlichen Zutaten darauf. Lege eine zweite Pastete darauf und backe alles etwa 40 bis 45 Minuten, bis der Käse verlaufen ist und eine goldbraune Farbe angenommen hat.

Nimm die Form aus dem Ofen und lass sie 5 Minuten ruhen, bevor du den Kuchen servierst.

Nährwertangabe pro Portion: Kcal: 399 Proteine: 42g, Kohlenhydrate: 44g, Fette: 26g, Natrium: 415mg

47. Zitronen-Garnelen

Zutaten:

- 500 g frische Garnelen
- 1 Bio-Zitrone, geschnitten in Zitronenspalten zum Garnieren
- 1 EL frischer Rosmarin zum Garnieren
- <u>Für die Marinade</u>
- 4 EL natives Olivenöl extra
- 1 TL gehackte Knoblauch
- 2 EL Saft einer Bio-Zitrone
- ½ TL Salz
- ½ TL gemahlener schwarzer Pfeffer
- ½ TL getrocknete Thymianzweige
- ½ TL getrockneter Oregano

Zubereitung:

Vermenge alle Zutaten für die Marinade in einer mittleren Schüssel, bis eine einheitliche Masse entsteht. Lege die Garnelen hinein, so dass die gleichmäßig von der Marinade bedeckt werden. Decke die Schüssel ab und lass sie mindestens 1 Stunde ruhen.

Heize den Gas-Grill bei maximaler Temperatur vor und fette das Rost mit Öl ein. Spieße 2 bis 3 Garnelen auf jeden Spieß, reibe sie mit Marinade ein und grille sie auf jeder

Seite 3 Minuten. Wende sie dann, um sie auch auf der anderen Seite zu grillen und lege sie auf eine Servierplatte.

Serviere die Garnelen warm zusammen mit den Zitronenspalten und streue etwas gehackte Petersilie darüber.

Nährwertangabe pro Portion: Kcal: 219 Proteine: 35g, Kohlenhydrate: 19g, Fette: 19g, Natrium: 161mg

48. Grüne Pizza

Zutaten:

- 1 mittleren Vollkornpizzateig
- ¼ Tasse zuckerfreie Pizzasauce
- ½ Tasse gewürfelter Spinat
- 1 kleine Gurke, in Streifen geschnitten
- ½ kleine Zwiebel, gewürfelt
- 1 Tasse Hüttenkäse
- ¼ Tasse Gouda, gerieben
- 2 EL geriebener Parmesankäse
- 1 EL Olivenöl

Zubereitung:

Heize den Backofen auf 210°C vor. Lege die Pizza auf ein Backbleck. Verteile die Pizzasauce darüber und garniere sie dann mit Spinat und Zwiebeln. Bestreue sie mit Hüttenkäse und geriebenem Gouda. Reibe zuletzt den Parmesan darüber und beträufle sie mit Olivenöl. Backe die Pizza dann etwa 10 Minuten, schneide sie und garniere sie mit den Gurkenstreifen. Serviere sie anschließend.

Nährwertangabe pro Portion: Kcal: 419 Proteine: 28g, Kohlenhydrate: 46g, Fette: 25g, Natrium: 660mg

49. Gegrillte Thunfisch-Steaks

Zutaten:

- ¼ Tasse gehackte, frische Korianderblätter
- 3 Knoblauchzehen, gehackt
- 2 EL Zitronensaft
- ½ Tasse Olivenöl
- 4 Thunfisch-Steaks
- ½ TL geräuchertes Paprikapulver
- ½ TL Kümmel, gemahlen
- ½ TL Chillipulver
- Salz und schwarzer Pfeffer

Zubereitung:

Gib den Koriander, Knoblauch, das Paprikapulver, den Kümmel, das Chillipulver und den Zitronensaft in eine Küchenmaschine und vermenge alles. Rühre nach und nach das Öl ein und vermische alles, bis eine geschmeidige Masse entsteht.

Gib die Mischung dann in eine Schüssel, füge den Fisch bei und bestreiche ihn sorgsam mit der Sauce. Lass ihn mindestens 2 Stunden ruhen, damit der Fisch den Geschmack annehmen kann.

Nimm dann den Fisch aus der Sauce und heize den Grill vor. Bestreiche den Rost leicht mit Öl, lege den Fisch darauf und grille ihn etwa 3 bis 4 Minuten auf jeder Seite.

Nimm den Fisch vom Grill, lege ihn auf eine Servierplatte und serviere ihn mit Zitronenspalten und etwas Gemüse.

Nährwertangabe pro Portion: Kcal: 350 Proteine: 41g, Kohlenhydrate: 12g, Fette: 19g, Natrium: 150mg

Dessert-Rezepte

50. Zuckerfreies Kokos-Dessert

Zutaten

- 1 Dose Bio-Kokosmilch
- 1 Tasse gemischte Tiefkühlbeeren
- ¼ Tasse Haferflocken
- ½ Banane, geschält und geschnitten
- 2 EL Mandeln, gemahlen
- 1 EL Agavensirup
- Wasser

Zubereitung:

Vermenge die Zutaten mit einem Mixer, rühre sie etwa 30 Sekunden um, bis eine einheitliche Masse entsteht.

Serviere danach das Dessert.

Du kannst auch andere Früchte verwenden und ein daraus ein neues Dessert zaubern, das dein Kind lieben wird.

Nährwertangabe pro Portion: Kcal: 112 Proteine: 23g, Kohlenhydrate: 27g, Fette: 16g, Natrium: 156mg

51. Selbstgemacht Chocolate Chip Cookies

Zutaten:

- 1 Tasse Haushaltsmehl
- 1 TL Backpulver
- 1 Tasse Diabetikerzucker
- Eine Prise Salz
- 2 EL geriebene Zitronenschale
- 2 EL Olivenöl
- 2 Eigelb
- 1 EL Zitronensaft
- 60 g ungesüßte dunkle Schokolade (85% Kakao), fein gehackt

Zubereitung:

Vermenge die trockenen Zutaten in einer mittelgroßen Schüssel. Rühre langsam die Milch unter und gib die Schokolade dazu. Rühre gut um und stell den Teig 30 Minuten in den Kühlschrank.

Heize den Backofen auf 210°C vor. Lege ein Backblech mit Backpapier aus.

Rolle anschließend den Teig auf einer bemehlten Arbeitsfläche aus, bis er 5 cm dick ist. Steche mit Formen Kreise aus und lege sie aufs Backblech. Backe sie 20 Minuten, bis sie braun sind.

Nährwertangabe pro Portion: Kcal: 212 Proteine: 24g, Kohlenhydrate: 46g, Fette: 18g, Natrium: 373mg

52. Zuckerfreie Donuts

Zutaten

- 1,5 Tassen Buchweizenmehl
- ½ Tasse Reismehl
- ½ Tasse zerriebene Haferflocken
- 1 TL Backpulver
- 2 Tassen ungesüßte Mandelmilch
- 2 Eier
- ¼ Tasse Stevia
- ½ TL gemahlener Zimt
- 2 EL Olivenöl

Für die Glasur:

- ½ Tasse Steviapulver
- 2 EL Kakaopulver, zuckerfrei
- 1 TL Vanilleextrakt, zuckerfrei
- ¼ Tasse Mandelmilch
- 1 EL Olivenöl

Zubereitung:

Vermenge das Buchweizenmehl, Reismehl, zerriebene Haferflocken, Backpulver, Stevia und Zimt in einer großen Schüssel. Schlage 2 Eier in die Schüssel, füge 2 Tassen Milch und Olivenöl bei. Vermische alles mit einem elektrischen Mixer. Decke die Mischung ab und stelle sie 10-15 Minuten zur Seite. Streue etwas Reismehl auf eine Arbeitsfläche. Rolle den Teig darauf aus und forme Donuts. Wenn die Masse zu klebrig ist, streue noch etwas mehr Reismehl auf die Arbeitsfläche.

Gieße etwas Öl in eine tiefe Bratpfanne (5-7 cm hoch) und erhitze es auf höchster Stufe.

Bereite in der Zwischenzeit die Glasur zu. Vermenge dazu alle Zutaten in einer kleinen Pfanne und bringe sie zum Kochen. Nimm die Pfanne dann vom Herd, decke sie ab und stelle sie zur Seite.

Brate die Donuts etwa zwei Minuten auf jeder Seite bei hoher Temperatur an. Nimm sie dann aus der Pfanne und tupfe das austretende Öl mit Küchenpapier ab.

Tunke jeden Donut in die Schokoladenglasur und lege ihn auf eine Platte. Genieße die Donuts entweder warm oder kalt.

Nährwertangabe pro Portion: Kcal: 350 Proteine: 31g, Kohlenhydrate: 46g, Fette: 29g, Natrium: 490mg

53. Obst-Tasse

Zutaten:

- ½ Tasse Hüttenkäse
- ½ Tasse Schlagsahne
- 115 g Obstmischung deiner Wahl (du kannst fast alles verwenden, was du in deinem Kühlschrank findest)
- 1 TL Vanilleextrakt, zuckerfrei
- 1 TL Steviapulver
- 1 EL fettfreie Dessert-Sahne, Zuckerfrei

Zubereitung:

Vermenge in einer kleinen Schüssel den Hüttenkäse mit der Schlagsahne, Dessert-Sahne und dem Vanilleextrakt. Rühre das Steviapulver unter und vermenge alles mit einem elektrischen Mixer auf mittlerer Stufe, bis alles durchmischt ist.

Verwende das Obst als Garnierung.

Nährwertangabe pro Portion: Kcal: 209 Proteine: 29g, Kohlenhydrate: 35g, Fette: 7g, Natrium: 298mg

54. Zuckerfreier Kakao

Zutaten:

- 1 Tasse Kokosmilch
- 1 TL Kakaopulver, ungesüßt
- 1 TL Agavensirup
- 1 Tasse zuckerfreie Schlagsahne

Zubereitung:

Vermenge die Zutaten in einer Küchenmaschine und verrühre alles 30 Sekunden.

Gib die Mischung in eine Tasse, stelle sie in die Mikrowelle und erwärme sie 1 Minute bei höchster Stufe.

Nährwertangabe pro Portion: Kcal: 88 Proteine: 8,9g, Kohlenhydrate: 10,5g, Fette: 3g, Natrium: 95mg

WEITERE WERKE DES AUTORS

70 Effective Meal Recipes to Prevent and Solve Being Overweight: Burn Fat Fast by Using Proper Dieting and Smart Nutrition

By
Joe Correa CSN

48 Acne Solving Meal Recipes: The Fast and Natural Path to Fixing Your Acne Problems in Less Than 10 Days!

By
Joe Correa CSN

41 Alzheimer's Preventing Meal Recipes: Reduce or Eliminate Your Alzheimer's Condition in 30 Days or Less!

By
Joe Correa CSN

70 Effective Breast Cancer Meal Recipes: Prevent and Fight Breast Cancer mit Smart Nutrition and Powerful Foods

By
Joe Correa CSN

www.ingramcontent.com/pod-product-compliance
Lightning Source LLC
Chambersburg PA
CBHW052121070526
44586CB00016B/2031